THIS BOOK BELONGS TO:

....

WRITE YOUR NAME HERE

1

WHAT'S INSIDE?

TIPS FROM PUBLISHER

- YOU CAN COLOR THE PICTURE & THE BACKGROUND ON EACH WORK SHEET

- THE BLACK PAGES ARE INSIDE BECAUSE THE MARKERS MAY LEAVE STAINS ON THE NEXT PAGE

- YOU CAN USE BRIGHT - COLORED PENCILS ON THE BLACK PAGES (TRY CRAYONS AND OIL/DRY PASTELS)

- YOU CAN CUT OUT PAGE IF THAT MAKE YOU EASIER TO EXECUTE TASK

- SOME PAGES YOU CAN TRY PUT INTO PLASTIC SLEEVES AND USE MAGIC MARKERS TO EXECUTE TASK. THAN WIPE THE PAGES WITH ALCOHOL AND PULL OUT THE BINDER AND DO THEM AGAIN NEXT VISIT.

- YOU CAN CUT OUT A PAGE, PUT IT IN A FRAME AND HANG IT ON THE WALL, OR GIVE IT TO SOMEONE AS A GIFT.

gift

celebration

sparklers

lehenga

4

 Lakshmi

 Ganesha

 diya

 lantern

 marigolds

 siblings

 jalebi

 peacock

6

 mithai

 rangoli

 fireworks

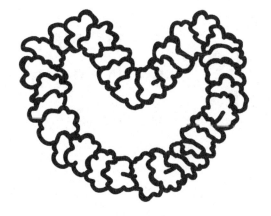 garland

7

2	5	5	5	3	5	2	5	2	5	5	5	5	1	5	5	5	5	2	5	5	2	5	
5	2	5	3	5	2	5	5	5	5	5	5	1	6	1	5	5	2	5	2	5	2	5	
2	5	5	5	3	5	2	5	2	5	5	1	6	6	6	1	5	5	2	5	2	5	5	
5	5	5	1	1	5	2	5	5	5	1	6	6	6	6	6	1	5	5	3	5	2	5	
5	5	1	6	6	1	5	5	5	1	6	6	6	6	6	6	1	3	5	2	5	5		
5	1	6	6	6	6	1	5	1	6	6	6	6	6	6	6	6	1	3	5	2	5		
5	5	1	1	1	1	5	1	1	1	1	1	1	1	1	1	1	1	1	5	5	5		
5	5	1	3	4	1	5	2	5	5	1	4	2	3	2	1	5	5	2	5	2	5		
5	5	1	4	3	1	5	5	2	5	1	4	2	3	2	4	1	5	5	5	2	5	5	
5	5	1	3	4	1	5	2	5	5	1	2	3	2	4	4	1	2	5	2	5	5	5	
5	5	1	1	1	1	5	5	3	5	1	3	2	4	4	2	1	2	5	3	5	5	5	
5	5	5	2	5	5	5	3	5	5	1	2	4	4	2	3	1	2	5	5	3	2	5	
5	4	5	2	5	4	5	5	3	2	1	4	4	2	3	2	1	5	2	3	5	2	5	
5	5	4	2	4	5	5	3	5	2	1	4	2	3	2	4	1	5	2	5	3	5	2	
5	2	4	4	4	2	5	5	2	5	1	1	1	1	1	1	1	2	5	3	5	5	2	
5	4	5	4	5	4	5	5	5	2	5	5	5	5	5	5	5	5	2	5	3	2	5	
5	5	5	4	5	5	5	5	2	5	4	4	4	4	4	4	5	2	5	3	5	5	2	
5	5	5	5	2	5	5	3	5	4	2	4	2	2	4	2	4	5	2	5	3	5	5	
5	5	5	2	5	5	5	5	3	4	4	5	4	2	4	2	4	5	5	3	5	5	5	
5	5	5	3	2	5	2	3	5	4	5	5	4	4	2	4	5	5	2	5	3	5	5	
5	2	5	5	3	5	5	2	3	5	5	5	4	2	2	4	2	5	5	3	5	5	5	
2	5	2	3	5	5	2	3	5	5	5	5	4	2	4	5	5	5	2	5	3	5	5	
5	2	5	5	3	5	5	5	5	3	5	5	4	4	4	5	5	5	5	5	3	5	5	5

1 - BLACK
2 - YELLOW
3 - BLUE
4 - HONEY
5 - DARK BLUE
6 - RED

0	5	0	0	0	0	5	0	0	0	0	5	0	0	2	0	0	0	0	0	5	0	0
5	2	5	2	0	5	2	5	0	0	5	5	5	0	0	0	5	0	0	5	2	5	0
0	5	0	0	0	0	5	0	0	5	5	5	5	5	0	5	2	5	0	0	5	0	2
5	2	5	0	0	0	0	6	6	6	5	5	5	6	6	6	5	0	0	5	2	5	0
0	5	0	0	2	0	6	6	6	2	2	2	2	2	6	6	6	2	0	0	5	0	0
5	2	5	0	0	6	6	6	2	2	2	5	2	2	2	6	6	6	0	5	2	5	0
0	5	0	0	0	0	6	2	2	2	5	5	5	2	2	2	6	0	0	0	5	0	2
5	2	5	0	0	0	2	2	2	5	5	5	5	5	2	2	2	0	0	5	2	5	0
0	5	0	0	0	2	2	2	5	5	5	2	5	5	5	2	2	2	0	0	5	0	0
0	0	3	3	3	4	2	4	4	4	4	4	4	4	4	4	2	4	3	3	3	0	0
0	3	3	4	4	7	2	2	3	3	4	2	4	4	4	2	2	4	4	3	3	3	0
3	3	4	3	3	4	3	3	2	2	2	3	2	2	2	4	4	3	3	4	4	3	3
3	4	3	3	3	3	3	4	4	3	3	1	3	3	4	4	4	3	3	3	3	4	3
4	3	3	3	3	3	3	3	3	4	1	1	1	4	3	4	4	3	3	3	3	3	4
3	3	3	3	3	3	3	3	5	3	3	1	3	3	5	4	4	3	3	3	3	3	3
0	3	3	3	3	3	3	3	3	3	3	3	3	3	4	4	3	3	3	3	3	3	0
0	3	3	3	3	3	3	3	3	3	3	4	3	3	4	4	3	3	3	3	3	3	0
3	3	3	3	3	3	0	3	3	3	4	3	4	3	4	4	0	3	3	3	3	3	3
0	0	0	3	3	0	0	3	3	3	3	3	3	4	4	4	0	0	3	3	0	0	0
0	0	0	3	0	0	0	6	3	3	3	3	3	4	4	6	0	2	0	3	0	0	2
0	0	0	6	0	0	6	6	6	3	3	3	4	4	6	6	6	0	6	0	2	0	0
0	0	5	0	6	6	6	6	0	3	3	4	4	4	0	6	6	6	0	0	0	0	0
0	5	2	5	0	0	0	0	0	3	4	3	4	4	0	0	0	0	0	0	0	5	0
0	0	5	0	0	0	0	0	2	0	3	3	4	4	0	2	0	4	3	3	5	2	5
0	5	2	5	0	0	5	0	0	0	3	3	4	4	4	0	0	4	3	3	0	5	0
0	0	5	0	0	5	2	5	0	0	0	3	3	4	4	4	4	4	3	0	5	2	5
0	5	2	5	0	0	5	0	0	2	0	0	3	3	3	3	3	3	3	0	0	5	0
0	0	5	0	0	5	2	5	0	0	0	2	0	0	3	3	3	0	0	0	5	2	5
0	5	2	5	0	0	5	0	0	0	0	0	0	0	0	0	0	0	0	2	0	0	5	0

0 - VIOLET **2 - YELLOW** **4 - DARK BLUE** **6 - IVORY**

1 - RED **3 - BLUE** **5 - HONEY**

9

Find words from the list hidden in the puzzle.

```
E A D L M I T H A I F Y T R F H F R
W B Z Q M C V L P M X P F H Z E I Y
P D F K D I L A N T E R N N R J R L
F E S T I V A L O F L I G H T S E D
T W I G C B J N A J T N B C C C W I
V M M A R I G O L D H F I S A A O W
T S P A R K L E R S Y W X B Z R R A
R A N G O L I G B M L A D D O O K L
T O B F V F P L A K S H M I I Z S I
S A A L M U B A R A K D I Y A M W I
M H B A R F I R W N S D G B Y K I X
Z H A P P I N E S S B H A I D U J V
```

BARFI

BHAI DUJ

DIWALI

DIYA

FESTIVAL OF LIGHTS

FIREWORKS

HAPPINESS

LADDOO

LAKSHMI

LANTERN

MARIGOLD

MITHAI

RANGOLI

SAAL MUBARAK

SPARKLERS

Find words from the list hidden in the puzzle.

```
X  C  L  V  Z  I  V  T  D  U  R  G  A  Q  R  T  S  K
E  A  E  Y  L  W  U  I  I  X  G  A  N  E  S  H  A  H
D  S  O  L  G  E  C  A  S  H  H  S  J  W  K  F  W  B
E  D  I  Q  E  A  H  G  T  H  A  K  E  G  V  W  W  B
E  Q  U  B  T  B  R  E  X  U  N  R  W  S  I  D  P  M
P  E  J  J  L  Z  R  L  N  T  L  U  E  H  J  F  R  W
A  D  U  B  A  I  H  A  A  G  Q  E  L  I  V  R  T  X
W  S  L  C  G  L  N  W  T  N  A  X  E  V  X  H  O  N
A  I  N  E  I  G  E  G  P  I  D  F  R  A  U  U  K  F
L  U  M  S  G  B  W  B  S  P  O  D  Y  O  Q  S  E  E
I  X  O  L  R  P  O  J  I  E  J  N  G  E  A  C  A  Y
Q  F  P  E  A  C  O  C  K  T  L  I  W  D  S  W  J  V
```

CELEBRATION	GIFT	SHIVA
DEEPAWALI	JALEBI	SIBLINGS
DURGA	JEWELERY	TIHAR
GANESHA	LEHENGA	VISHNU
GARLAND	PEACOCK	

DRAW STEP BY STEP & COLOR THE SKETCH

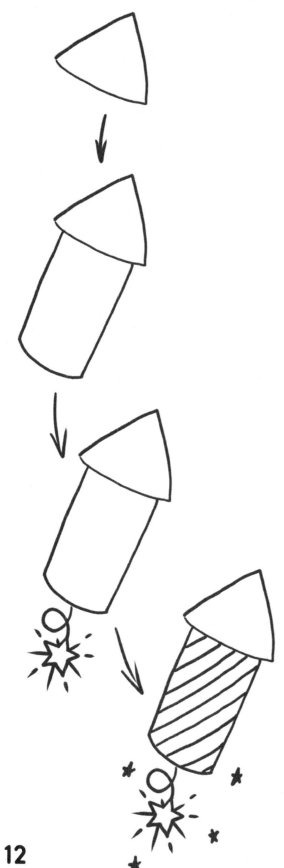

12

DRAW STEP BY STEP & COLOR THE SKETCH

13

DRAW STEP BY STEP & COLOR THE SKETCH

14

DRAW STEP BY STEP & COLOR THE SKETCH

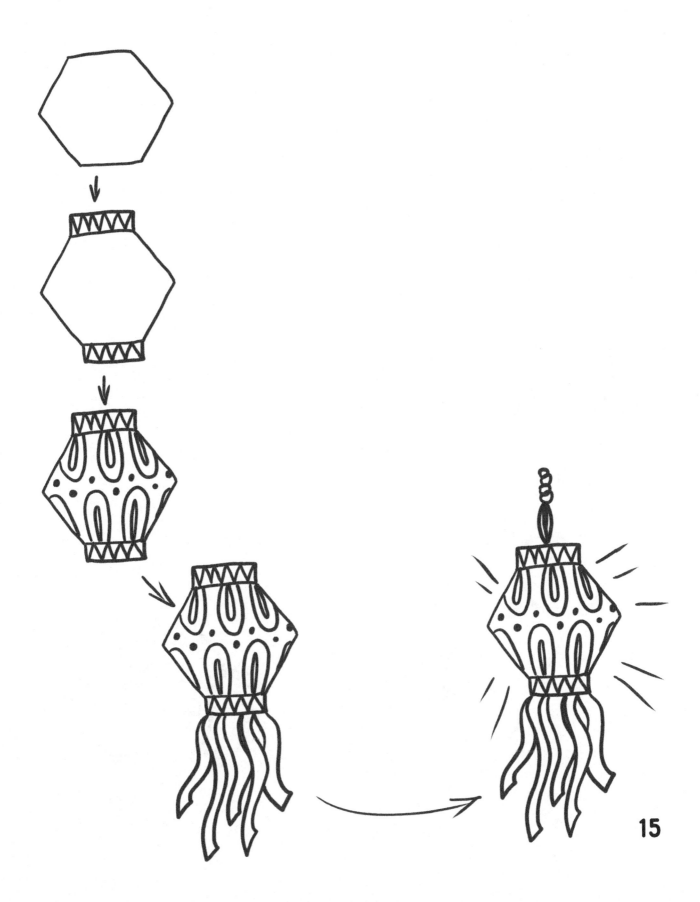

15

DRAW STEP BY STEP & COLOR THE SKETCH

16

DRAW STEP BY STEP & COLOR THE SKETCH

17

Solve the maze
& collect the letters ↳ *Start here*

18

R   D   M

                                        U

        S   H

                            A   H

            S

                                S

        E   D

                N

                T

            E   A

                                R

                T   S

R

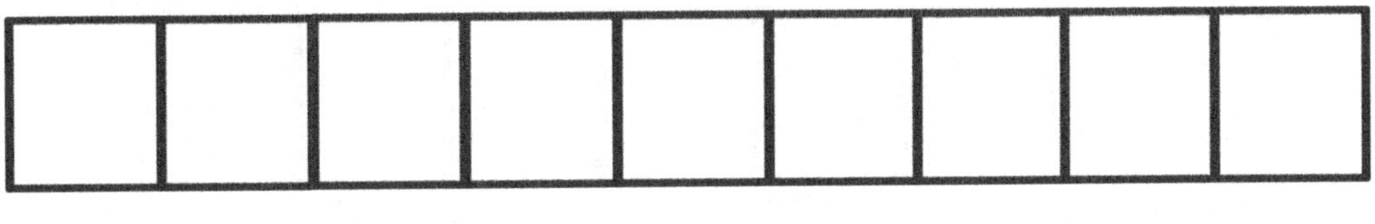

Solve the maze
& collect the letters ↳ Start here

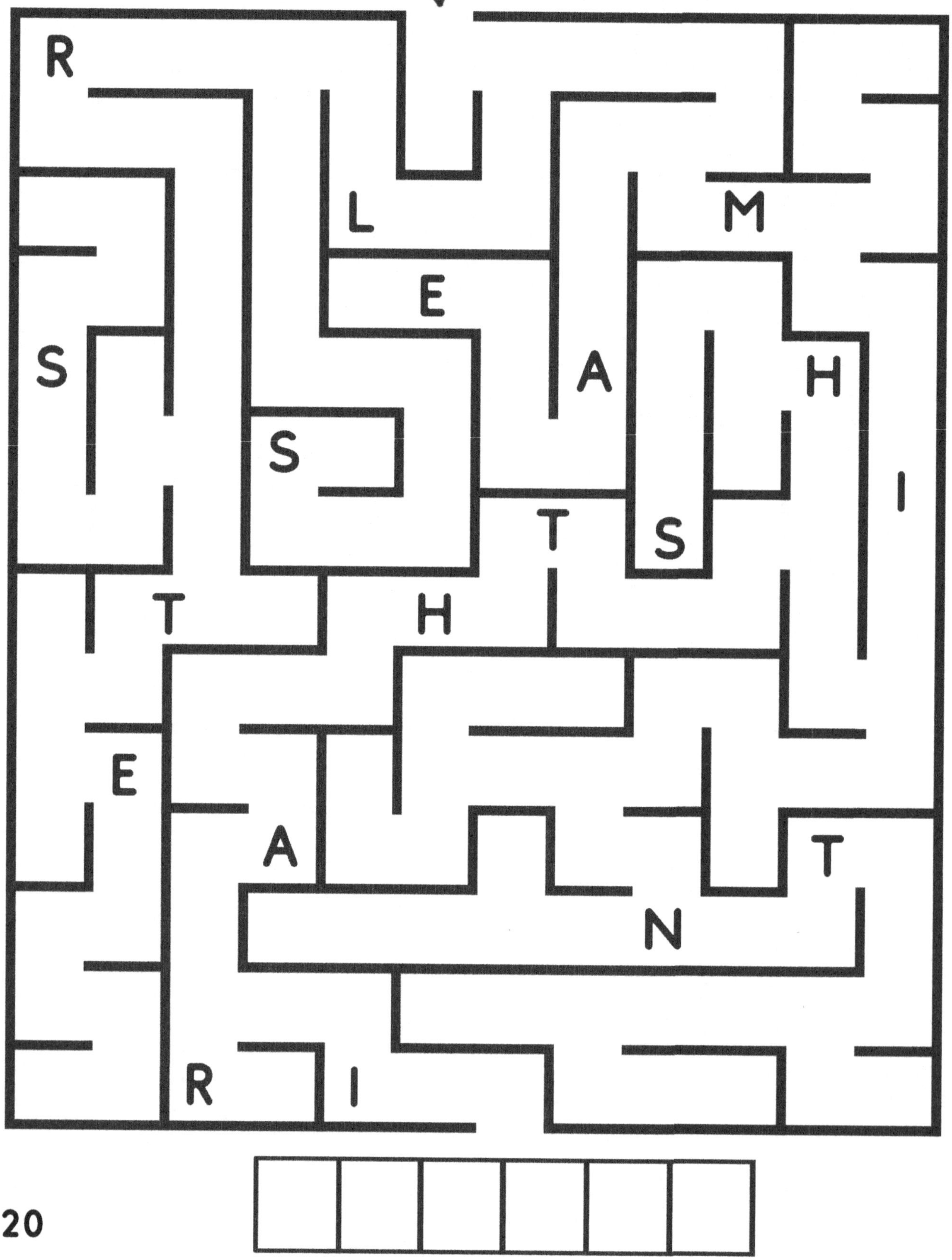

R

L   M

E

S   A   H

S   I

T   S

T   H

E

A   T

N

R   I

20

Solve the maze
& collect the letters ↓ Start here

R

H

L L L

O

S

E

A

P

P

S

H

N

E

H

T

T

R

N

21

Try to find
3 marigolds

22

TRY TO FIND
GANESHA

23

Try to find 2 dyias

24

Try to find
14 mithai

25

Spot the matching pairs. Find marigold without pair.

Spot the matching pairs. Find feathers without pair.

27

Spot the matching pairs. Find rangoli without pair.

Spot the matching pairs. Find firework without pair.

MANDALAS
INSPIRATION

30

DECORATE HER DRESS.

31

DRAW A MEHNDI DESIGNS
ON HANDS OR DRAW
JEWELERY

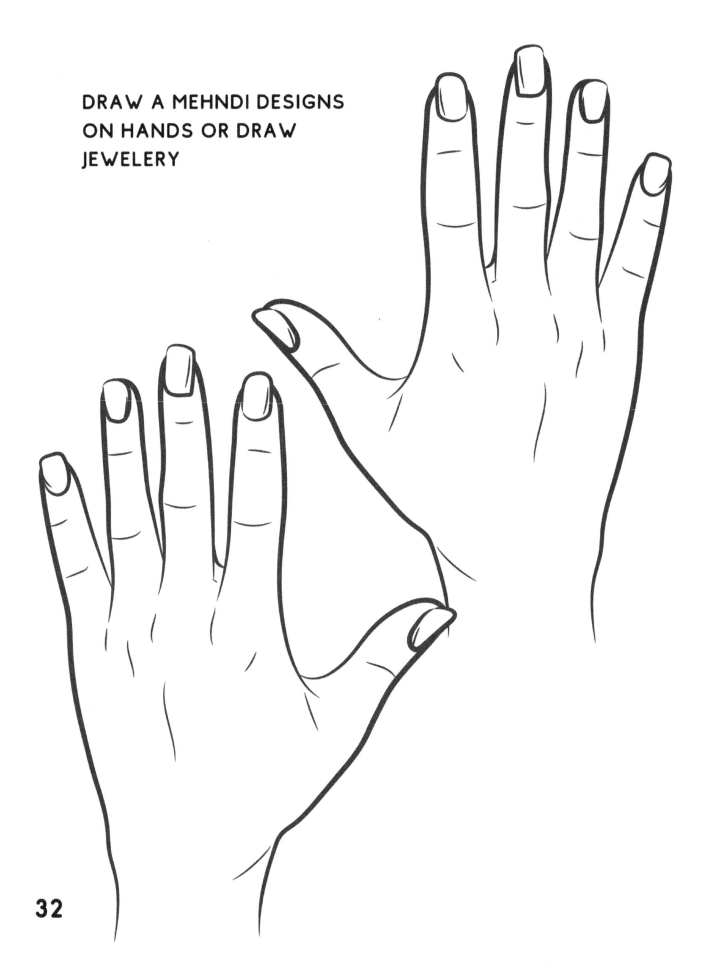

34

DECORATE DYIAS

35

DECORATE THE INTERIOR. INSTALL DIYAS, SMALL
EARTHEN OIL-FILLED LAMPS, FLOWER GARLANDS.

DECORATE DOORWAYS WITH RANGOLIS AND STRING UP LIGHTS AND LANTERNS.

YOU CANNOT DRAW EXACTLY THE SAME ON BOTH SIDES

1X (crocodile) = 2X (tiger)   1X (tiger) = 3X (orangutan)

1X (orangutan) = 4X (peacock)

1 (tiger) + 9 (orangutan) = 3 (tiger) + ?

2 (crocodile) + 3 (orangutan) = 2 (tiger) + ?

4 (tiger) = 12 (peacock) + ?

3 (crocodile) + 4 (peacock) = 7 (orangutan) + ?

38

YOU CANNOT DRAW EXACTLY THE SAME ON BOTH SIDES

1X  = 2X    1X  = 3X

1X  = 4X

20  = 1 + **?**

3  + 4 = **?**

16  = 4 + **?**

1 = **?**

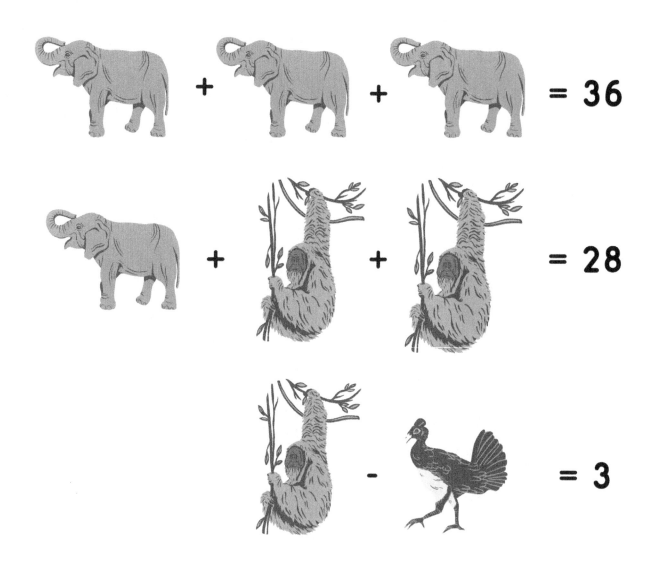

40

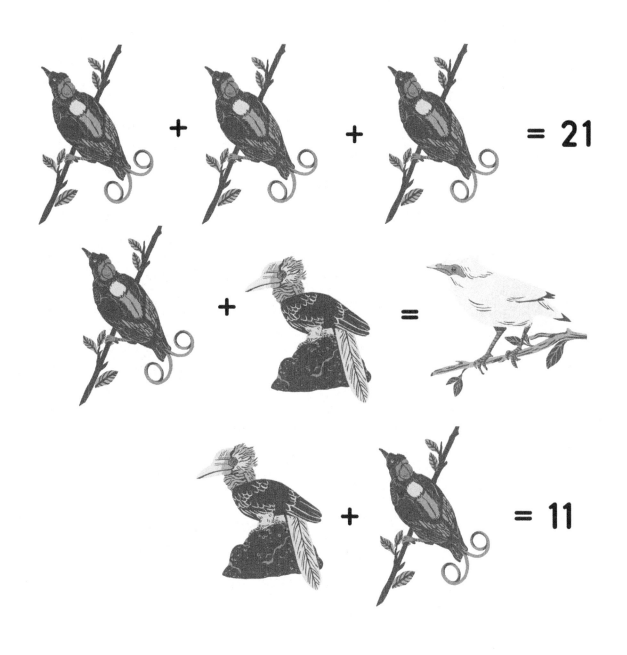

 =?

 =?

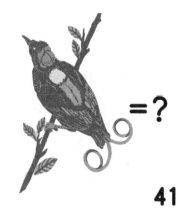 =?

41

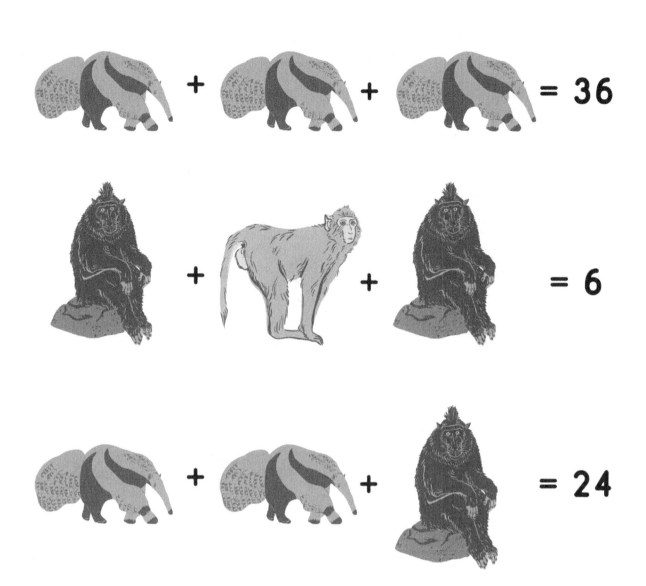

42

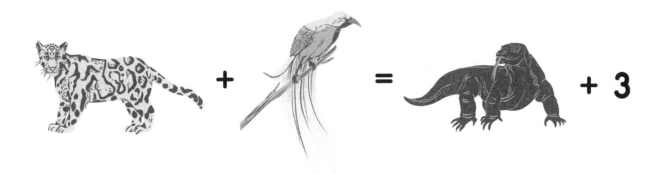

DECRYPT THE SECRET MESSAGE

A	B	C	D	E	F	G	H	I	J	K	L	M

N	O	P	Q	R	S	T	U	V	W	X	Y	Z

A	B	C	D	E	F	G	H	I	J	K	L	M

N	O	P	Q	R	S	T	U	V	W	X	Y	Z

44

DECRYPT THE SECRET MESSAGE

A	B	C	D	E	F	G	H	I	J	K	L	M
▰	O	♡	≋	◀	☺	⩘	⫽	◗	◎	✕	↑	✳

N	O	P	Q	R	S	T	U	V	W	X	Y	Z
◈	▽	⧗	◢	⚡	■	★	△	▣	⌐	◉	⊗	●

■ ⧗ ⚡ ◀ ▰ ≋   ★ ⩘ ◀

↑ ◗ ⩘ ⩘ ★   ★ ⩘ ◗ ■

≋ ◗ ⌐ ▰ ↑ ◗

A	B	C	D	E	F	G	H	I	J	K	L	M
♡	⧗	⌐	◈	⩘	◉	■	⊗	◎	✳	✕	▽	▣

N	O	P	Q	R	S	T	U	V	W	X	Y	Z
↑	⚡	△	O	⩘	◢	●	▰	◀	◗	★	≋	☺

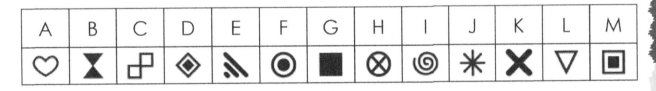

◎   ⌐ ♡ ▣ ⩘   ◉ ⚡ ⩘

● ⊗ ⩘   ✳ ♡ ▽ ⩘ ⧗ ◎

45

Draw the right side of the rangoli.

46

Draw the right side of the rangoli.

Draw the right side of the rangoli.

48

Draw the right side of the rangoli.

50

THIS BLACK PAGE IS BECAUSE
THE MARKERS MAY LEAVE STAINS
ON THE NEXT PAGE.

Happy Diwali
to the best
Kid in the World!

IMAGINE THAT YOU ARE LYING IN A MEADOW
AND LOOKING AT THE NIGHT SKY.
DO YOU SEE THE CONSTELLATION OF THE
MITHAI BOWL? DRAW THE CONSTELLATION
USING A BRIGHT COLORED PENCILS.

IMAGINE THAT YOU ARE IN THE DEPTHS OF THE
OCEAN. TRY TO DRAW A COMBINATION OF A
STAR FISH AND MANDALA USING A BRIGHT
COLORED PENCILS.

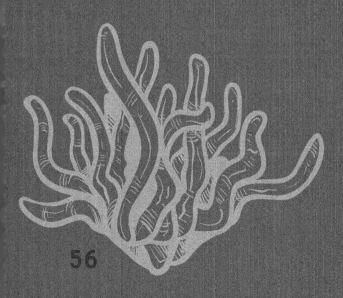

OH NO! THE UFO WANTS TO KIDNAP SOMEONE!
DRAW THE MONKEYS THAT RUN AWAY USING A
BRIGHT COLORED PENCILS.

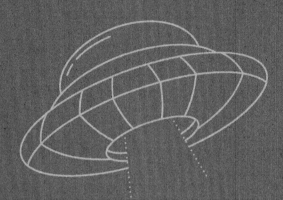

YOU ARE IN SPACE. YOU SEE A BEAUTIFUL
GALAXY IN FRONT OF YOU. IT IS ARRANGED IN
THE SHAPE OF AN DYIA WITH GIANT FLAME IN
THE CENTER. TRY TO DRAW THAT USING A
BRIGHT COLORED PENCILS.

How to make lantern?

YOU WILL NEED:
- **CARDSTOCK PAPER – BLACK OR ANY DARK SHADES**
- **TISSUE PAPER – COLORS OF YOUR CHOICE**
- **X-ACTO KNIFE**
- **SCISSORS**
- **CRAFT GLUE**
- **TEA LIGHTS ARE BEST**

← ADD EXTRA 0.5 INCH FOR ASSEMBLING THE LANTERN

1. CUT THE CARDSTOCK PAPER ACCORDINGLY INTO 4 WIDTHS OF THE LANTERN AND ADD EXTRA 0.5 INCH FOR ASSEMBLING THE LANTERN.
2. CUT OUT PAGES WITH THE PATTERNS AND GLUE THEM TO THE CARDBOARD.
3. USE X-ACTO KNIFE TO CUT OUT THE PATTERNS (WHITE PARTS). IF KIDS ARE WORKING ON THIS PROJECT PLEASE MAKE SURE THAT THEY ARE UNDER ADULT SUPERVISION FOR THIS STEP. USE SCISSORS TO CUT OUT 4 SECTIONS LANTERN.
4. SELECT 3 OR 4 COLORED CRAFT PAPERS AND CUT THEM ACCORDING TO THE DIFFERENT PARTS OF THE CUT OUT PATTERN. COVER ONE PART OF THE PATTERN AT A TIME. APPLY GLUE INSIDE THE LANTERN AROUND THE SIDES OF THE SELECTED PART OF THE PATTERN AND PREPARE A COLORED CRAFT PAPER FOR IT.
5. PLACE THE PREPARED CRAFT PAPER ON THE GLUED AREA; TO COVER THE OPEN CUT OUT AREAS OF THE PATTERN.
6. NOW TURN THE CARDSTOCK PAPER TO THE OTHER SIDE. THIS IS THE FRONT SIDE OF THE LANTERN.
7. APPLY GLUE ALONG THE EXTRA 0.5 INCH OF THE CARDSTOCK.
8. BRING THE OTHER OPEN SIDE OF THE CARDSTOCK PAPER AND JOIN IT WITH THE GLUED PART. ALLOW THE GLUE TO DRY.
9. PLACE A CANDLE INSIDE A GLASS (THE CANDLE SHOULD BE SHORTER THAN THE GLASS) AND THEN PLACE THE LANTERN OVER THE GLASS. LIGHT UP THE CANDLE.

CUT OUT THIS PAGE AND
GLUE IT TO THE CARTBOARD

CUT OUT THIS PAGE AND
GLUE IT TO THE CARTBOARD

CUT OUT THIS PAGE AND
GLUE IT TO THE CARTBOARD

CUT OUT THIS PAGE AND
GLUE IT TO THE CARTBOARD

How to make colorful sand?

YOU WILL NEED:
- **SAND**
- **FOOD COLORING**
- **ZIPLOCKS BAGS**

1. PUT 5 HEAPED SPOONS OF SLIGHTLY DAMP SAND INTO YOUR BAG. (DAMP SAND TAKES ON THE COLOUR BETTER THAN DRY SAND.)
2. ADD 1 SPOON OF POWDER PAINT OR DROP 10-12+ DROPS OF FOOD COLORING INTO THE BAG.
3. SEAL YOUR ZIPLOCK BAG AND SHAKE LIKE CRAZY TO THOROUGHLY MIX THE SAND AND THE POWDER PAINT.
4. LEAVE YOUR BAG OPEN OR SPREAD THE SAND OUT ON A TRAY TO DRY FOR A FEW HOURS.
5. WHEN YOU'RE USING YOUR COLOURED SAND DON'T WORRY IF SAND SPILLS AND THE COLOURS GET MIXED. KEEP ALL OF THIS MIXED SAND TO USE IN PROJECTS. IT STILL LOOKS REALLY COOL.
6. ON THE FOLLOWING PAGES YOU WILL FIND TEMPLATES TO TRACE AND COLOR BY COLORFUL SAND.
7. CUT OUT PAGES WITH THE TEMPLATES AND GLUE THEM TO THE CARDBOARD.
8. TRACE THE TEMPLATES WITH GLUE AND SPRINKLE ON SAND.
9. TRY TO ADD SOME GLITTER.

YOU ARE SMART & BEAUTIFUL!

73

CUT OUT THIS PAGE AND
GLUE IT TO THE CARTBOARD

75

CUT OUT THIS PAGE AND
GLUE IT TO THE CARTBOARD

77

CUT OUT THIS PAGE AND
GLUE IT TO THE CARTBOARD

79

CUT OUT THIS PAGE AND
GLUE IT TO THE CARTBOARD

81

CUT OUT THIS PAGE AND
GLUE IT TO THE CARTBOARD

83

CUT OUT THIS PAGE AND
GLUE IT TO THE CARTBOARD

85

CUT OUT THIS PAGE AND
GLUE IT TO THE CARTBOARD

CUT OUT THIS PAGE AND
GLUE IT TO THE CARTBOARD

PAGE 10

```
. . . . . . . M I T H A I . . . . . F .
. . . . . . . . . . . . . . . . . I . .
. . . . . . . L A N T E R N . . . R .
F E S T I V A L O F L I G H T S E D
. . . . . . . . . . . . . . . . W I
. . M A R I G O L D . . . . . . O W
. S P A R K L E R S . . . . . R A
R A N G O L I . . . L A D D O O K L
. . . . . . . . . L A K S H M I . S I
S A A L M U B A R A K D I Y A . . .
. . B A R F I . . . . . . . . . . .
. H A P P I N E S S B H A I D U J .
```

PAGE 11

```
. C . . . . V T D U R G A . . . . .
. E L . . I I . G A N E S H A .
D S . L G E . . S H . J . . . . .
E . I . E A H . . H A . E G . . .
E . B . B R E . N R W S I . . .
P . J L . R L N . U E H . F . .
A . . A I . A A G . L I . T .
W . . L N . T N A . E V . . .
A . . . E G . I D . R A . . .
L . . . . B S . O . Y . . .
I . . . . . . I . . N . . . .
. . P E A C O C K . . . . . . .
```

PAGE 18 - LAKSHMI
PAGE 19 - DHANTERAS
PAGE 20 - MITHAI
PAGE 21 - LANTERN

PAGE 38
1T+9O=3T+4P
2C+3O=2T+6O+8P
4T=12P+9O
3C+4P=7O+4T

PAGE 39
20P=1T+2O
3T+4P=1C+4O
16O=4P+5T
1C=6O

PAGE 40
BIRD = 5
ORANGUTAN= 8
ELEFANT= 12

PAGE 41
BIRD 1 = 11
BIRD 2= 4
BIRD 3= 7

PAGE 42
DARK MONKEY = 0
MONKEY = 6
ANT-EATER= 12

PAGE 43
BIRD = 10
VARAN = 17
JAGUAR = 10

PAGE 44
MAY THIS DIWALI BRIGHTEN YOUR LIVES
MAY YOU HAVE A BRIGHT DIWALI

PAGE 45
SPREAD THE LIGHT THIS DIWALI
I CAME FOR THE JALEBI

PAGE 22

PAGE 23

PAGE 24

PAGE 26

PAGE 27

PAGE 28

PAGE 25

PAGE 29

Made in the USA
Middletown, DE
31 October 2021